Impressum
Verlag: BABADADA GmbH, Nedderfeld 112 , 22529 Hamburg
Geschäftsführer / Verlagsleitung: Harald Hof
Druck: Books on Demand GmbH, In de Tarpen 42, 22848 Norderstedt

Imprint
Publisher: BABADADA GmbH, Nedderfeld 112 , 22529 Hamburg, Germany
Managing Director / Publishing direction: Harald Hof
Print: Books on Demand GmbH, In de Tarpen 42, 22848 Norderstedt, Germany

de School
xue xiao

de Klassenstuuv
jiao shi

delen
chu

186/2

de Tafel
hei ban

de Schoolhoff
xiao yuan

de Schoolmeester
lao shi

dat Papeer
zhi

schrieven
shu xie

de Sticken
gang bi

de Schrievdisch
ban gong zhuo

dat Lienholt
zhi chi

dat Book
shu

de Schöler
xue sheng

de Ranzel

shu bao

de Feddermapp

qian bi he

de Bleesticken

qian bi

de Scharpmaker

juan bi dao

dat Radeergummi

xiang pi ca

de Tekenblock

hua ban

de Teken

tu hua

de Pinsel

hua bi

de Malkassen

yan liao he

de Scheer

jian dao

de Klever

jiao shui

dat Heft to'n Öven

lian xi ce

de Huusopgaav

jia ting zuo ye

de Tall

shu zi

2+2

tohooptellen

jia

5-2

aftrecken

jian

2×2

malnehmen

cheng

reken

ji suan

A

de Bookstaav

zi mu

ABCDEFG HIJKLMN OPQRSTU VWXYZ

dat ABC

zi mu biao

dat Woort

zi

de Text

ke wen

lesen

du

de Kried

fen bi

de Stunn

shang ke

dat Klassenbook

deng ji

de Pröven

kao shi

dat Tüügnis

zheng shu

de Schooluniform

xiao fu

de Utbillen

jiao yu

dat Nakieksel

bai ke quan shu

de Universität

da xue

dat Mikroskop

xian wei jing

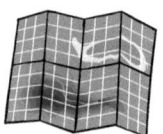

de Koort

di tu

de Papeerkorf

fei zhi kuang

de School - xue xiao

de Törn
lü xing

dat Hotel
jiu dian
Grand
de Harbarg
qing nian lü xing she
de Wesselstuuv
wai bi dui huan chu
CHANGE
de Kuffer
shou ti xiang
dat Auto
qi che

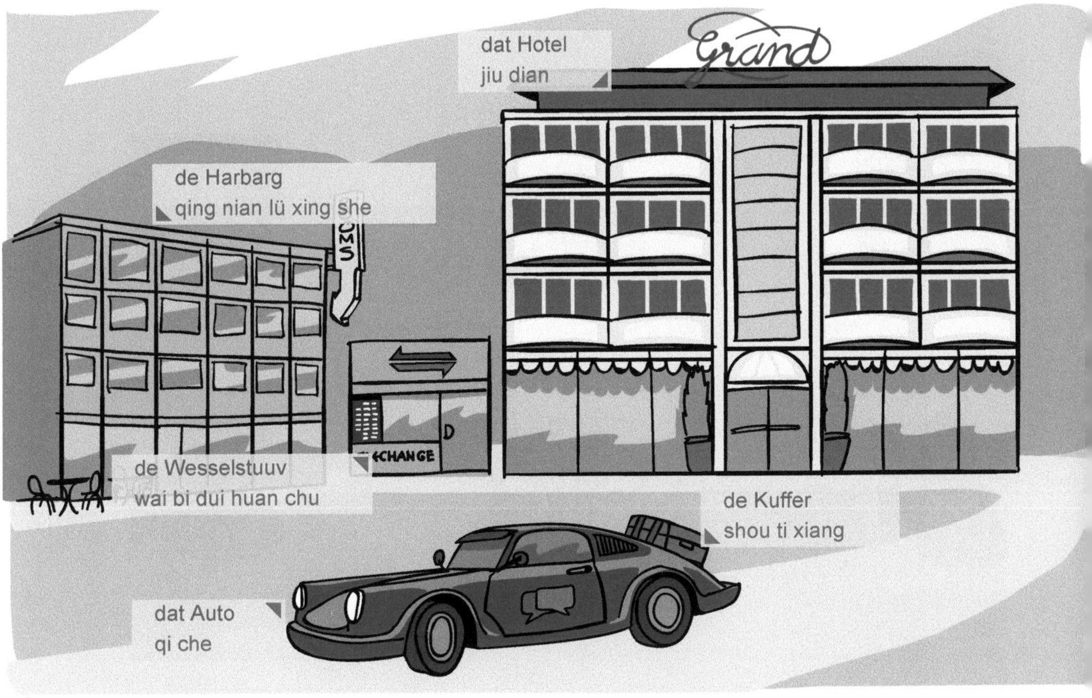

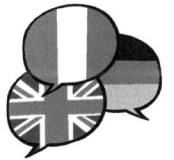

de Spraak

yu yan

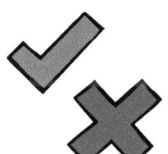

jo / ne

shi/fou

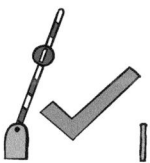

Jo

hao de

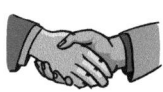

Moin

nin hao

de Översetter

fan yi yuan

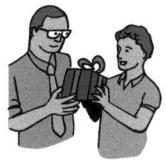

Dank ok

xie xie

Wat kost...?

......duo shao qian?

Ik verstah nich

wo bu ming bai

dat Problem

wen ti

Goden Avend

wan shang hao!

Moin!

zao shang hao!

Gode Nacht!

wan an!

Tschüüs

zai jian

de Richt

fang xiang

de Bagaasch

xing li

de Tasch

bao

de Rüchsack

shuang jian bao

de Gast

ke ren

de Stuuv

fang jian

de Slaapsack

shui dai

dat Telt

zhang peng

de Touristeninformatschoon

lü you xin xi

de Strand

hai tan

de Kreditkoort

xin yong ka

dat Fröhstück

zao can

dat Meddageten

wu can

dat Avendeten

wan can

de Fohrkort

piao

de Fohrstohl

dian ti

de Breefmark

you piao

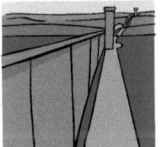

de Grenz

bian jie

de Toll

hai guan

de Bottschop

da shi guan

dat Visum

qian zheng

de Pass

hu zhao

de Törn - lü xing

7

de Transport
jiao tong yun shu

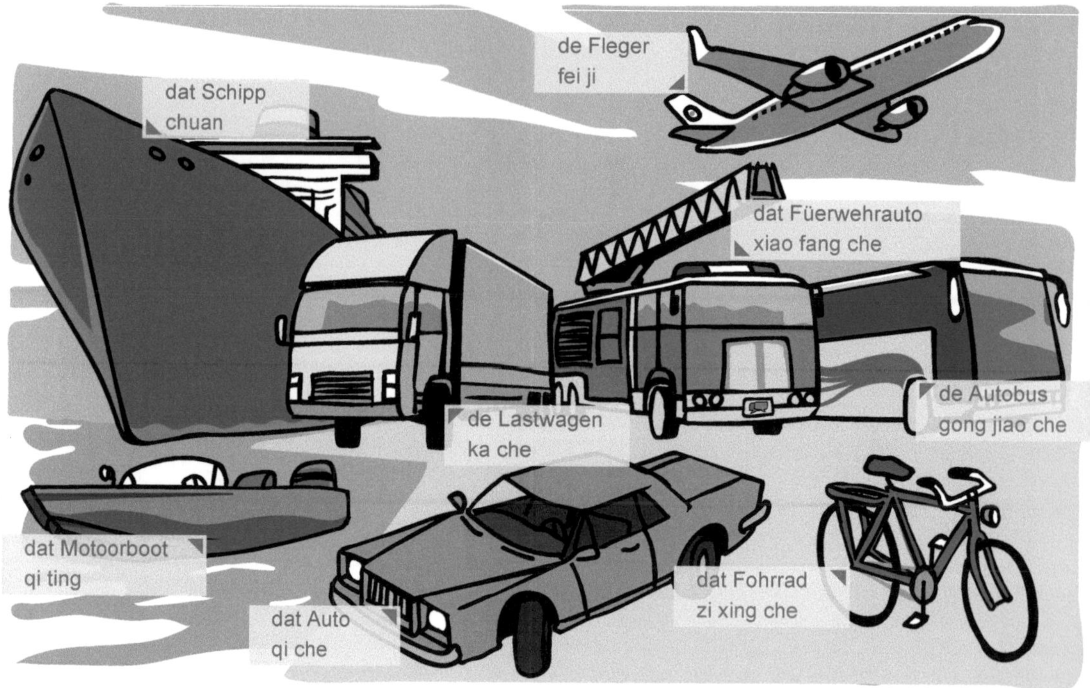
de Fleger
fei ji
dat Schipp
chuan
dat Füerwehrauto
xiao fang che
de Autobus
gong jiao che
de Lastwagen
ka che
dat Motoorboot
qi ting
dat Fohrrad
zi xing che
dat Auto
qi che

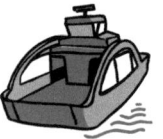

de Fähr

bai du chuan

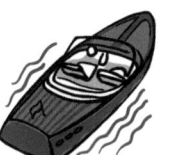

dat Boot

xiao chuan

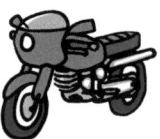

dat Motoorrad

mo tuo che

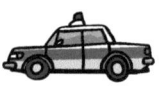

dat Polizeiauto

jing che

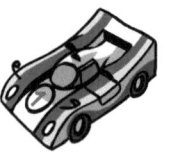

dat Rönnauto

sai che

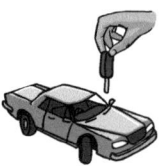

de Lehnwagen

zu che

dat Carsharing

pin che

de Afsleepwagen

tuo che

dat Müllauto

la ji che

de Motoor

fa dong ji

de Kraftstoff

qi you

de Tanksteed

jia you zhan

dat Verkehrsschild

jiao tong biao zhi

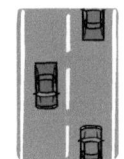

de Verkehr

jiao tong

de Stau

jiao tong du sai

de Afstellplatz

ting che chang

de Bahnhoff

huo che zhan

de Sporen

gui dao

de Tog

huo che

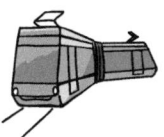

de Stratenbahn

dian che

de Wagon

huo che

de Transport - jiao tong yun shu

de Dwarsmöhl

zhi sheng ji

de Flooghaven

ji chang

de Tower

ta

de Fohrgast

cheng ke

de Grootkist

ji zhuang xiang

de Karton

zhi ban xiang

de Koor

shou tui che

de Korf

lan zi

starten / lannen

qi fei/jiang luo

de Stadt

cheng shi

dat Dörp

cun zhuang

de Binnenstadt

shi zhong xin

dat Huus

fang zi

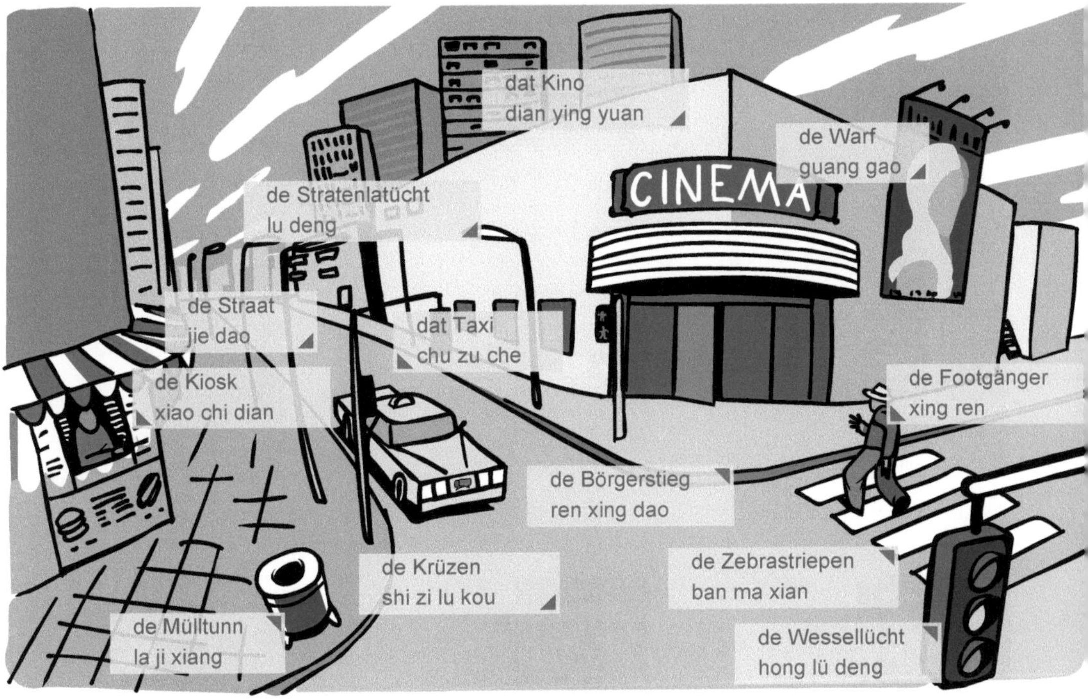

de Stadt illustration

dat Kino
dian ying yuan

de Warf
guang gao

de Stratenlatücht
lu deng

CINEMA

de Straat
jie dao

dat Taxi
chu zu che

de Kiosk
xiao chi dian

de Footgänger
xing ren

de Börgerstieg
ren xing dao

de Krüzen
shi zi lu kou

de Zebrastriepen
ban ma xian

de Mülltunn
la ji xiang

de Wessellücht
hong lü deng

de Hütt

xiao wu

de Wahnung

gong yu

de Bahnhoff

huo che zhan

dat Raathuus

shi zheng ting

dat Museum

bo wu guan

de School

xue xiao

de Universität

da xue

de Bank

yin hang

dat Krankenhuus

yi yuan

dat Hotel

jiu dian

de Afteek

yao fang

dat Büro

ban gong shi

de Bookhökerie

shu dian

de Hökerie

shang dian

de Blomenhökerie

hua dian

de Supermarkt

chao shi

de Markt

shi chang

dat Koophuus

bai huo shang dian

de Fischhökerie

yu dian

dat Inkoopszentrum

gou wu zhong xin

de Haven

hai gang

de Parkanlaag

gong yuan

de Bank

chang deng

de Brüch

qiao

de Trepp

lou ti

de Ünnergrundbahn

di tie

de Tunnel

sui dao

de Busstoppsteed

gong jiao che zhan

de Bar

jiu ba

dat Spieslokal

can guan

de Breefkassen

you tong

dat Stratenschild

lu biao

de Parkklock

ting che ji shi qi

de Deertenpark

dong wu yuan

de Baadanstalt

you yong guan

de Moschee

qing zhen si

de Buernhoff

nong chang

de Ümweltversmudden

wu ran

de Karkhoff

mu di

de Kark

jiao tang

de Speelplatz

cao chang

de Tempel

si miao

de Landschop
di xing

dat Blatt
shu ye

de Wiespahl
zhi shi pai

de Weg
lu

de Wisch
cao di

de Steen
shi tou

de Wannerer
tu bu lü xing zhe

de Boom
shu

de Fluss
he

dat Gras
cao

de Bloom
hua

dat Daal

xia gu

de Barg

shan

de See

hu

dat Holt

sen lin

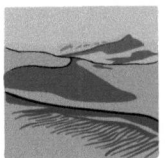

de Wööst

sha mo

de Füerspien Barg

huo shan

dat Slott

cheng bao

de Regenbagen

cai hong

de Poggenstohl

mo gu

de Palm

zong lü shu

de Steekmück

wen zi

de Fleeg

cang ying

de Miegeemk

ma yi

de Imm

mi feng

de Spinn

zhi zhu

de Sebber

jia chong

de Pogg

qing wa

de Katteker

song shu

de Swienegel

ci wei

de Haas

ye tu

de Uul

mao tou ying

de Vagel

niao

de Swaan

tian e

dat Wildswien

ye zhu

de Hirsch

lu

de Elk

mi lu

de Staudamm

shui ba

dat Windrad

feng li fa dian ji

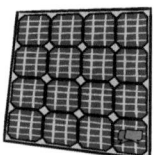

dat Solarmodul

tai yang neng dian chi ban

dat Klima

qi hou

dat Spieslokal
can guan

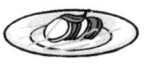

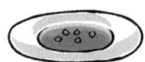

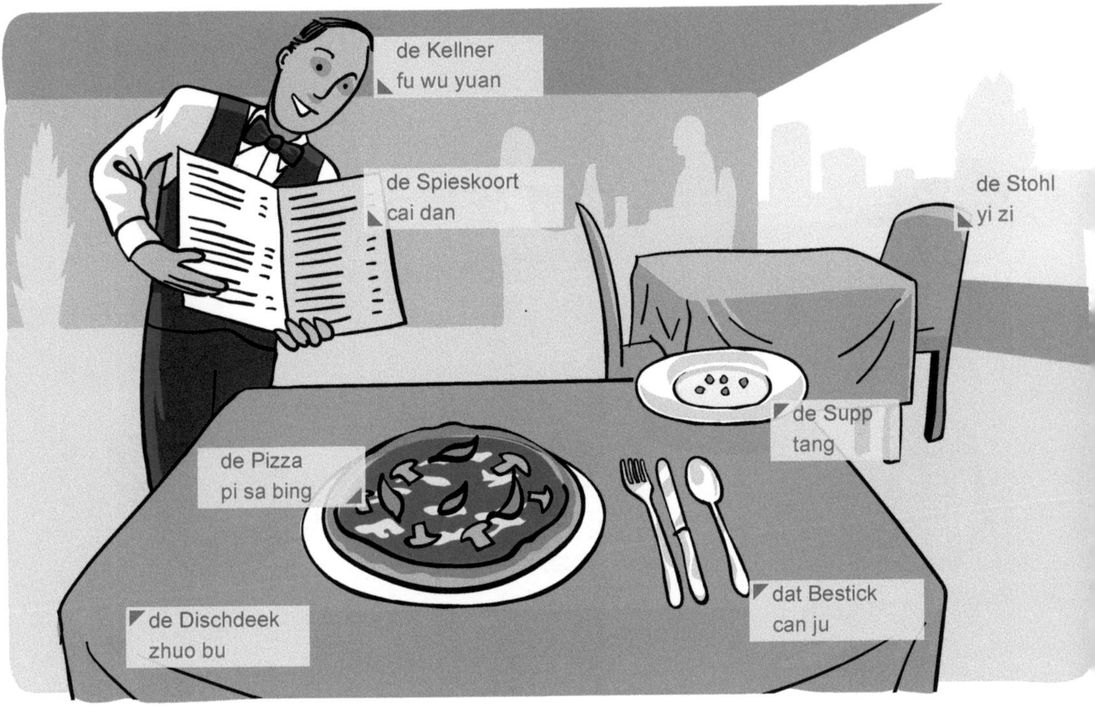
de Kellner
fu wu yuan
de Spieskoort
cai dan
de Stohl
yi zi
de Supp
tang
de Pizza
pi sa bing
dat Bestick
can ju
de Dischdeek
zhuo bu

de Vörspies

qian cai

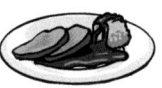

dat Haupteten

zhu cai

de Nadisch

tian dian

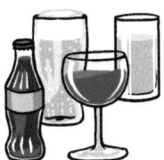

de Drünk

yin liao

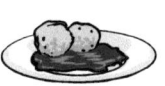

dat Eten

shi wu

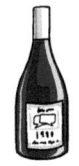

de Buddel

ping zi

dat Fastfood

kuai can

dat Strateneten

jie bian xiao chi

de Teekann

cha hu

de Zuckerdoos

tang he

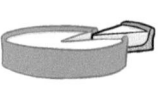

de Portschoon

yi fen fan cai

de Espressomaschien

yi shi ka fei ji

de Hoochstohl

gao jiao yi

de Reken

zhang dan

dat Tablett

tuo pan

dat Mess

dao

de Gavel

can cha

de Lepel

shao zi

de Teelepel

cha chi

dat Munddook

can jin

dat Glas

bo li bei

de Töller

die zi

de Suppentöller

tang pan

de Ünnertass

die zi

de Sooß

jiang

de Soltstreuer

yan ping

de Pepermöhl

hu jiao mo

de Etig

cu

dat Ööl

shi yong you

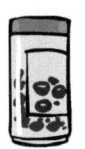

de Krüder

tiao wei liao

de Ketchup

fan qie jiang

de Mostrich

jie mo

de Mayonnaise

dan huang jiang

de Supermarkt
chao shi

dat Anbott
te jia
FOR
de Kunn
gu ke
de Melkprodukten
ru zhi pin
dat Aaft
shui guo
de Inkoopswagen
gou wu che

BUTCHERS

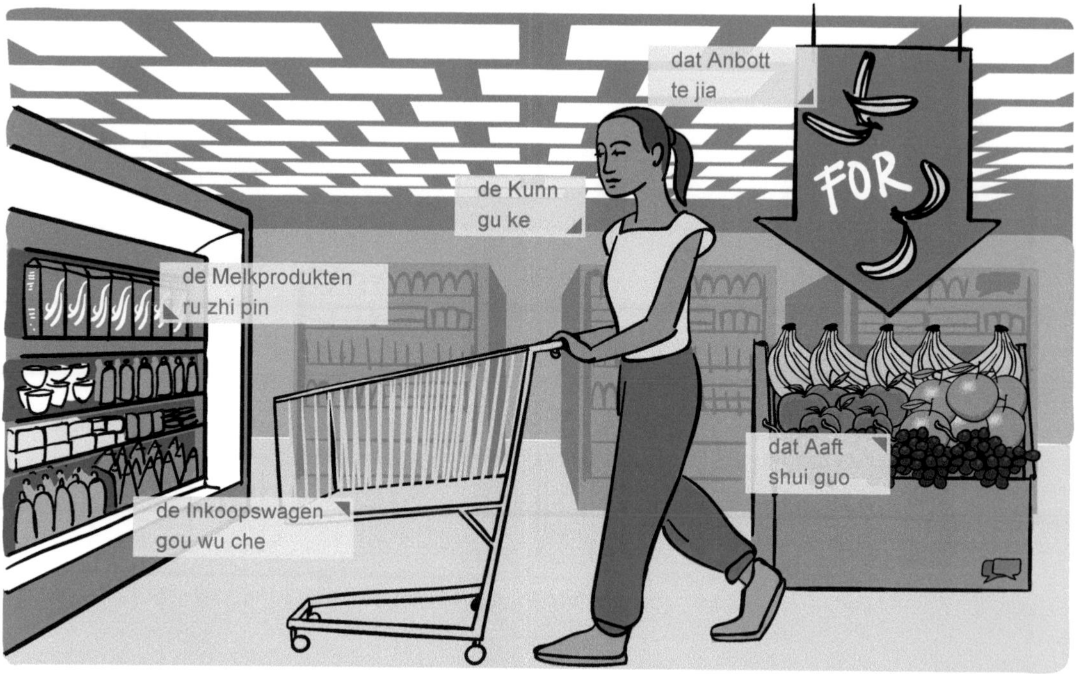

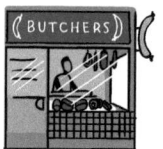

de Slachterie

rou pu

BAKERY

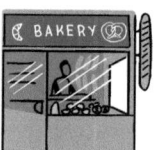

de Bäckerie

mian bao fang

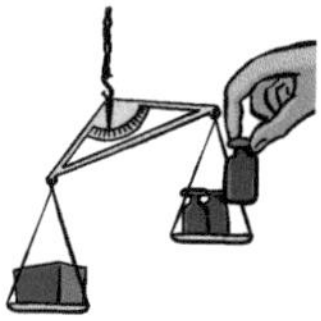

wegen

cheng zhong

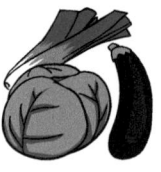

de Gröönsaken

shu cai

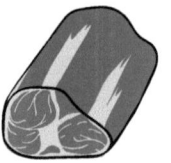

dat Fleesch

rou

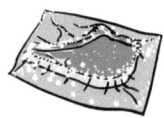

de Deepköhlkost

leng dong shi pin

de Opsnitt

leng pan

de Konserven

guan tou shi pin

de Waschmiddel

xi yi fen

de Snoopkraam

tian shi

de Huushooltssaken

ri yong pin

de Reinmaaktüüch

qing jie yong pin

de Verköpersche

xiao shou yuan

de Kass

shou yin ji

de Kasserer

shou yin yuan

de Inkoopslist

gou wu qing dan

de Opsparrtieden

kai fang shi jian

de Breeftasch

qian bao

de Kreditkoort

xin yong ka

de Tasch

dai zi

de Plastiktüüt

su liao dai

dat Water

shui

de Saft

guo zhi

de Melk

niu nai

de Cola

ke le

de Wien

hong jiu

dat Beer

pi jiu

de Spriet

jiu

de Kakao

ke ke

de Tee

cha

de Koffie

ka fei

de Espresso

yi shi nong suo ka fei

de Cappucino

ka bu qi nuo

de Banaan

xiang jiao

de Appel

ping guo

de Appelsien

cheng zi

de Meloon

xi gua

de Zitroon

ning meng

de Wöttel

hu luo bo

de Knuuvlook

da suan

de Bambus

zhu zi

de Zibbel

yang cong

de Poggenstohl

mo gu

de Nööt

jian guo

de Nudeln

mian tiao

de Spaghetti

yi da li mian tiao

de Ries

mi fan

de Salat

sha la

de Pommes frites

shu tiao

de Braadkantüffeln

zha tu dou

de Pizza

pi sa bing

de Hamborger

han bao bao

dat Sandwich

san ming zhi

dat Snitzel

zha zhu pai

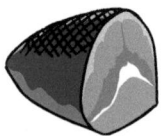

de Schinken

huo tui

de Salami

sa la mi

de Wust

xiang chang

dat Hohn

ji rou

de Braden

kao rou

de Fisch

yu

dat Eten - shi wu

de Haverflocken

yan mai pian

dat Müsli

mu zi li

de Cornflakes

yu mi pian

dat Mehl

mian fen

de Croissant

yang jiao mian bao

dat Rundstück

mian bao juan

dat Broot

mian bao

dat Toast

kao mian bao

de Keksen

bing gan

de Botter

huang you

de Quark

ning ru

de Koken

dan gao

dat Ei

dan

dat Spegelei

jian dan

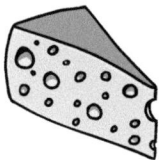

de Kees

nai lao

de Ies

bing ji lin

de Zucker

tang

de Honnig

feng mi

de Marmelaad

guo jiang

de Nougat-Creme

qiao ke li jiang

dat Curry

ga li fan

de Buernhoff
nong chang

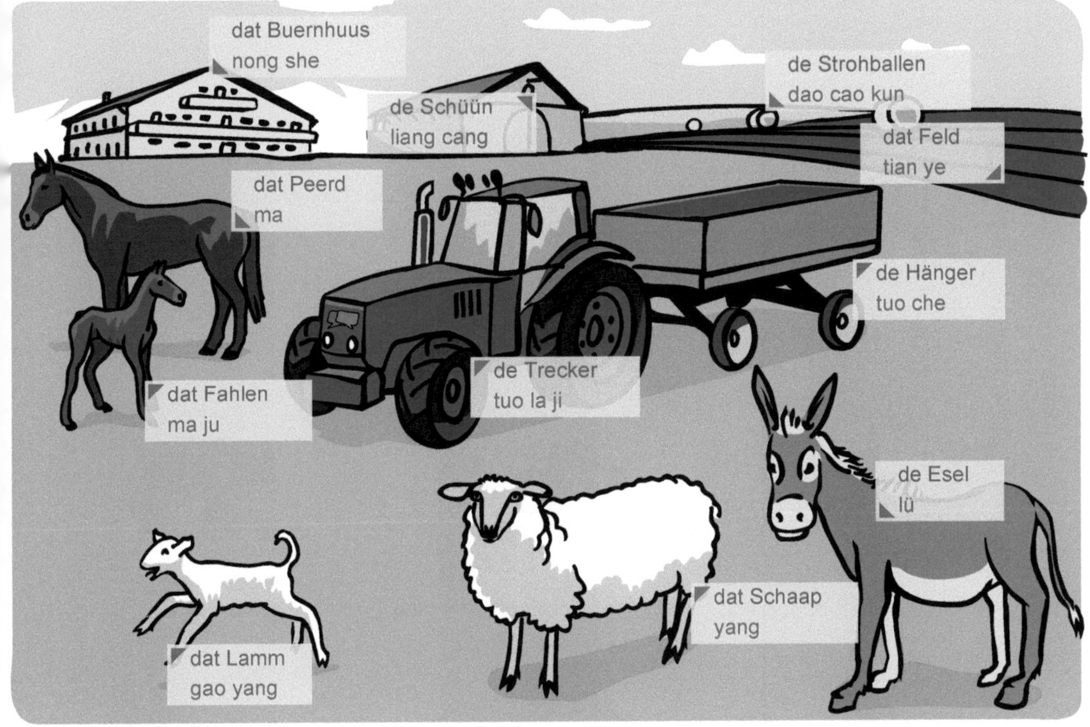
dat Buernhuus
nong she
de Schüün
liang cang
de Strohballen
dao cao kun
dat Feld
tian ye
dat Peerd
ma
de Hänger
tuo che
de Trecker
tuo la ji
dat Fahlen
ma ju
de Esel
lü
dat Schaap
yang
dat Lamm
gao yang

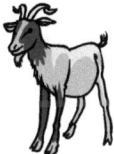

de Zeeg
shan yang

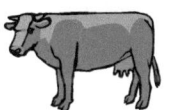

de Koh
nai niu

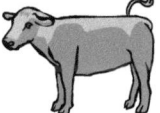

dat Kalf
niu du

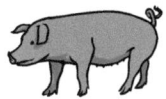

dat Swien
zhu

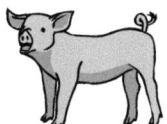

dat Farken
xiao zhu

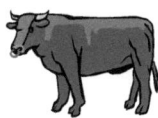

de Bull
gong niu

de Goos

e

de Aant

ya

dat Küken

xiao ji

dat Hohn

mu ji

de Hahn

gong ji

de Rott

shu

de Katt

mao

de Muus

lao shu

de Oss

niu

de Hund

gou

de Hunnenhütt

gou wu

de Goornslauch

hua yuan jiao shui ruan guan

de Geetkann

sa shui hu

de Lee

chang bing da lian dao

de Ploog

li

de Sich

lian dao

de Hack

chu tou

de Mestfork

chang bing cao pa

de Ext

fu tou

de Schuufkoor

du lun shou tui che

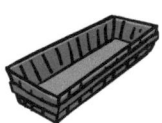

de Trog

si liao cao

de Melkkann

niu nai guan

de Sack

ma bu dai

de Tuun

zha lan

de Stall

ma jiu

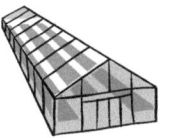

dat Drievhuus

wen shi

de Bodden

tu rang

de Saat

zhong zi

de Dünger

fei liao

de Meihdöscher

lian he shou ge ji

oornen

shou ge

de Oorn

shou ge

de Yamswöttel

shan yao

de Weten

xiao mai

dat Soja

da dou

de Kantüffel

tu dou

de Törksche Weten

yu mi

de Rapp

you cai zi

de Aaftboom

guo shu

de Troopsch Kantüffel

shu shu

dat Koorn

gu wu

dat Huus
fang zi

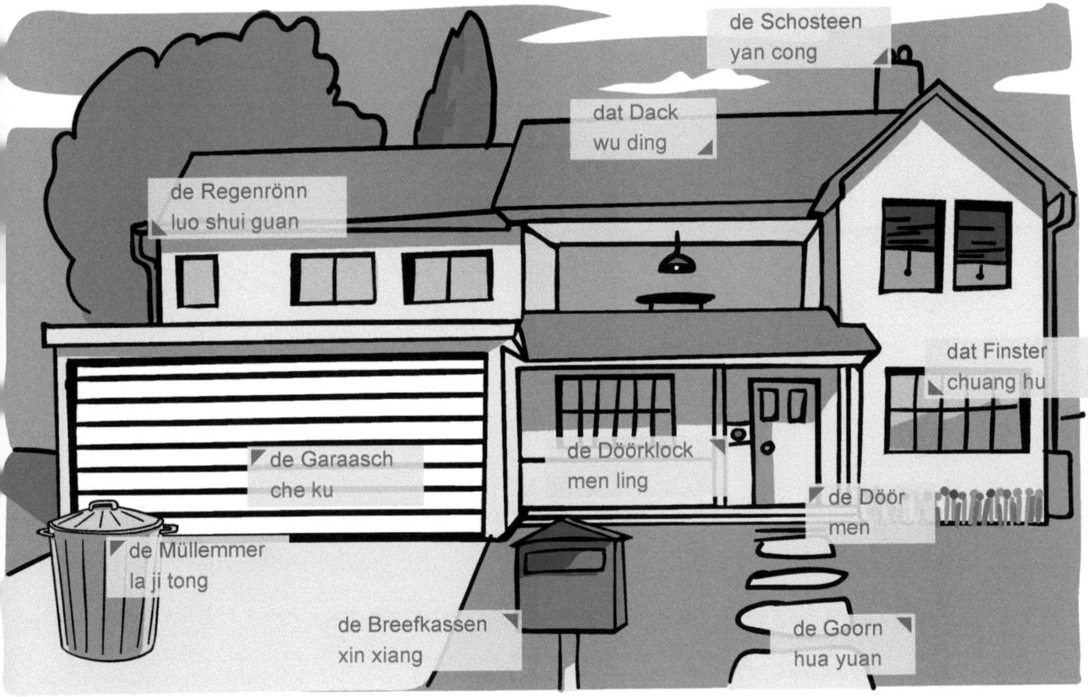

de Schosteen
yan cong
dat Dack
wu ding
de Regenrönn
luo shui guan
dat Finster
chuang hu
de Garaasch
che ku
de Döörklock
men ling
de Döör
men
de Müllemmer
la ji tong
de Breefkassen
xin xiang
de Goorn
hua yuan

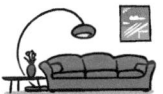

de Wahnstuuv

ke ting

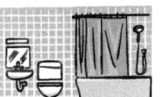

de Baadstuuv

yu shi

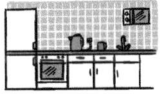

de Kööк

chu fang

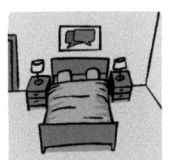

de Slaapstuuv

wo shi

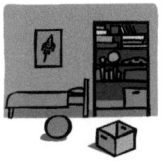

de Kinnerstuuv

er tong fang

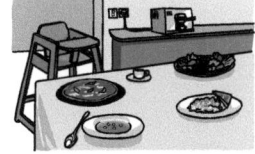

de Eetstuuv

can ting

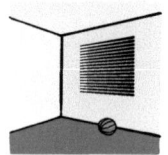

de Footbodden

di ban

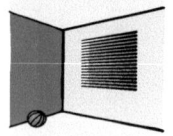

de Wand

qiang bi

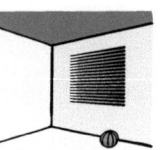

de Deek

diao ding

de Keller

di jiao

dat Hittluftbad

sang na

de Balkon

yang tai

de Terrass

lu tai

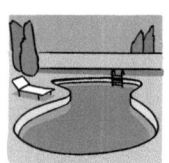

dat Swümmbad

you yong chi

de Rasenmeiher

ge cao ji

de Bettbetog

bei dan

de Bettdeek

chuang zhao

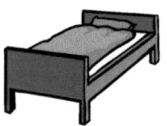

de Puuch

chuang

de Bessen

sao zhou

de Emmer

shui tong

de Schalter

kai guan

de Wahnstuuv

ke ting

de Tapeet
bi zhi
dat Bild
zhao pian
de Lamp
tai deng
dat Regal
ge jia
dat Schapp
chu gui
de Kiekkassen
dian shi ji
de Kamin
bi lu
de Bloom
hua
dat Küssen
dian zi
dat Sofa
sha fa
de Vaas
hua ping
de Feernbedenen
yao kong qi

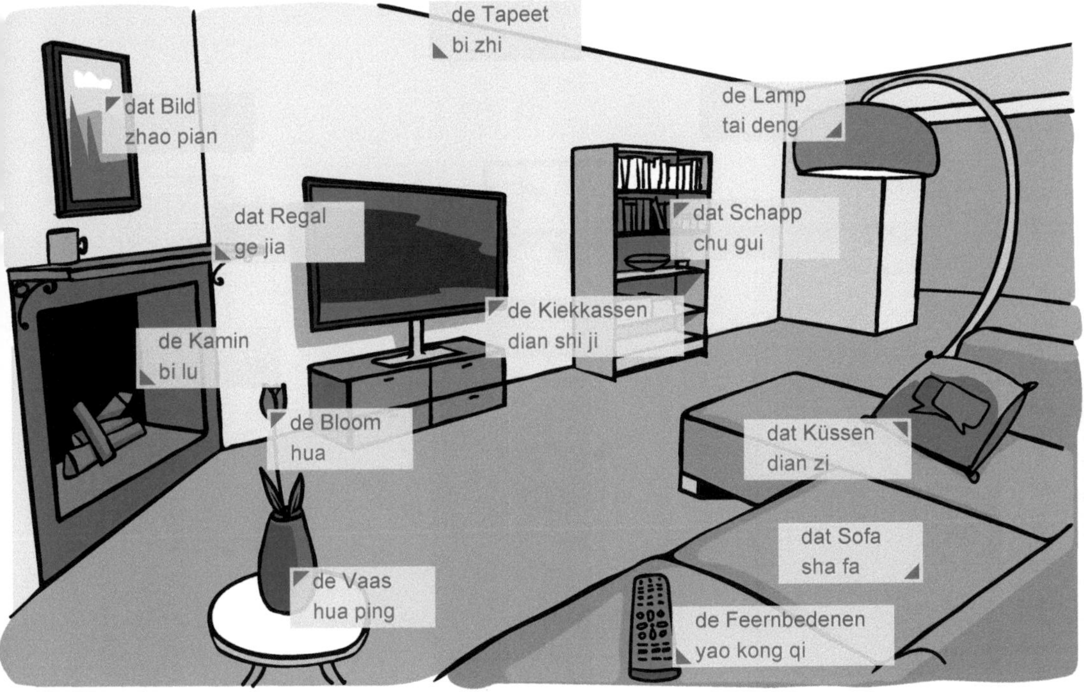

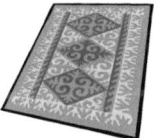

de Teppich

di tan

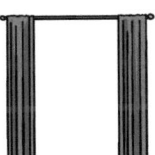

de Vörhang

chuang lian

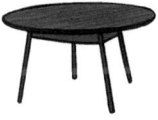

de Disch

can zhuo

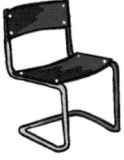

de Stohl

yi zi

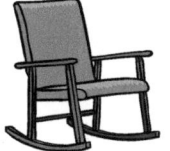

de Schuckelstohl

yao yi

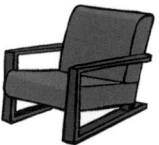

de Sessel

fu shou yi

dat Book

shu

de Deek

tan zi

de Dekoratschoon

zhuang shi pin

dat Füerholt

mu chai

de Film

dian ying

de Stereoanlaag

gao bao zhen yin xiang

de Slötel

yao shi

dat Narichtenblatt

bao zhi

dat Gemälde

you hua

dat Poster

hai bao

dat Radio

shou yin ji

de Opschrievblock

bi ji ben

de Huulbessen

xi chen qi

de Kaktus

xian ren zhang

de Kars

la zhu

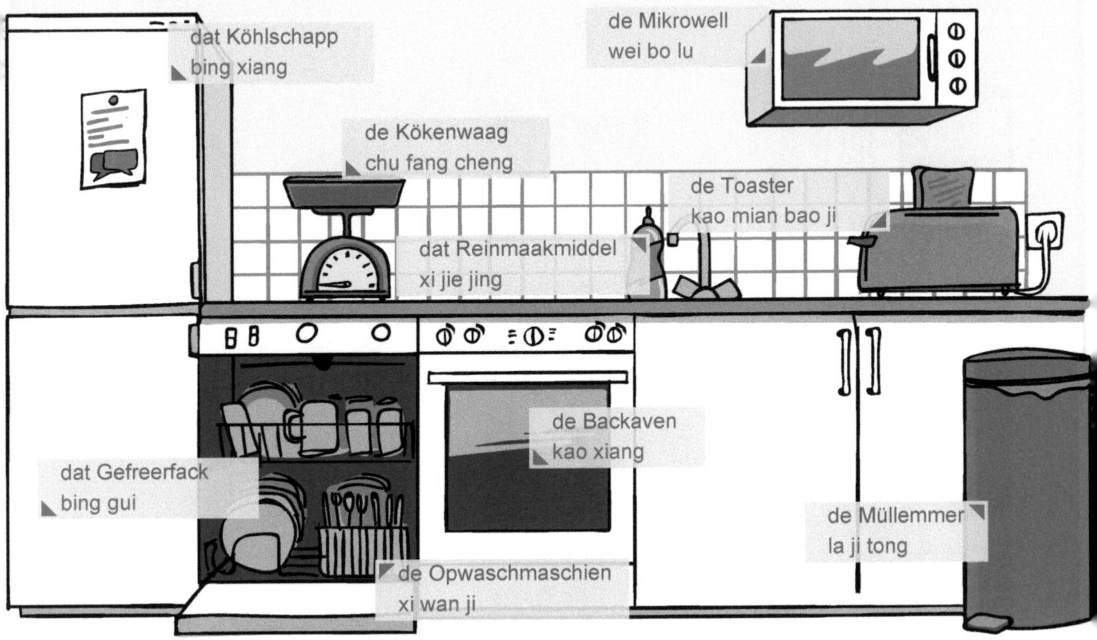

dat Köhlschapp
bing xiang

de Mikrowell
wei bo lu

de Kökenwaag
chu fang cheng

de Toaster
kao mian bao ji

dat Reinmaakmiddel
xi jie jing

de Backaven
kao xiang

dat Gefreerfack
bing gui

de Müllemmer
la ji tong

de Opwaschmaschien
xi wan ji

de Heerd

chui ju

de Pott

guo

de Gussiesern Putt

zhu tie guo

de Wok / Kadai

sha guo

de Pann

ping di guo

de Waterkaker

shui hu

de Dampkaakputt

zheng guo

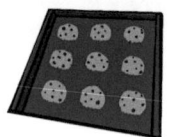

dat Backblick

kao pan

dat Geschirr

tao ci guo

de Beker

ma ke bei

de Schaal

wan

de Eetsticken

kuai zi

de Suppenkell

chang bing shao

de Pannenwenner

chan zi

de Sneebessen

jiao ban qi

dat Kaakseef

lü wang

dat Seef

shai zi

de Riev

mo sui ji

de Mörser

yan bo

de Grill

shao kao

de Füerstell

ming huo

dat Sniedbrett

cai ban

dat Nudelholt

gan mian zhang

de Proppentrecker

kai ping qi

de Doos

guan zi

de Dosenaapner

kai ping qi

de Pottlappen

ge re shou tao

dat Waschbecken

shui cao

de Böst

shua zi

de Swamm

hai mian

de Mixer

jiao ban ji

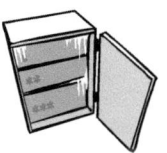

dat Iesschapp

leng cang xiang

de Nuckelbuddel

nai ping

de Waterhahn

shui long tou

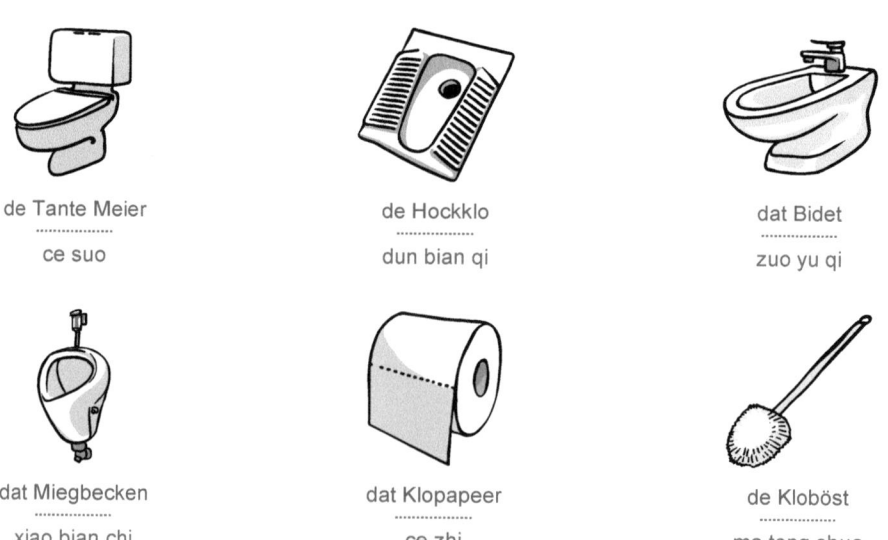

de Baadstuuv

yu shi

de Heizung
gong nuan she bei
dat Handdook
mao jin
de Bruus
lin yu
de Bruusvörhang
yu lian
dat Schuumbad
pao mo yu
de Baadwann
yu gang
dat Glas
bo li bei
de Waschmaschien
xi yi ji
de Waterhahn
shui long tou
de Fliesen
ci zhuan
de lütte Putt
bian hu
dat Waschbecken
shui cao

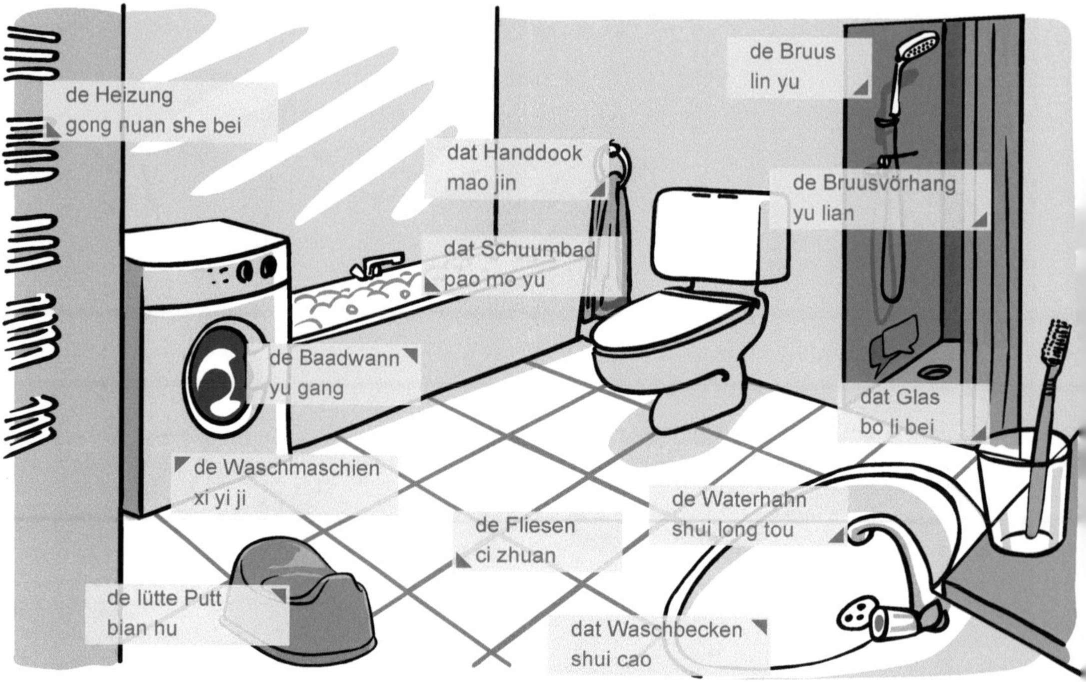

de Tante Meier

ce suo

de Hockklo

dun bian qi

dat Bidet

zuo yu qi

dat Miegbecken

xiao bian chi

dat Klopapeer

ce zhi

de Kloböst

ma tong shua

de Tähnböst

ya shua

de Tähnpast

ya gao

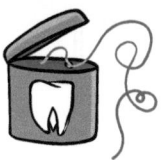

de Tähnsied

ya xian

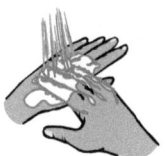

waschen

xi

de Handbruus

shou chi shi pen lin tou

de Intimbruus

chong xi qi

de Waschschöttel

xi lian pen

de Rüchböst

ca bei shua

de Seep

fei zao

dat Bruusgeel

mu yu lu

dat Hoorwaschmiddel

xi fa shui

de Waschlappen

fa lan rong

de Afloop

pai shui

de Creme

ru shuang

dat Deodorant

chu chou ji

de Baadstuuv - yu shi

de Spegel

jing zi

de Kosmetikspegel

shou jing

de Raserer

ti xu dao

de Raseerschuum

ti xu pao mo

dat Raseerwater

xu hou shui

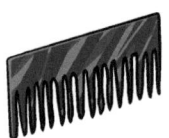

de Kamm

shu zi

de Böst

shua zi

de Hoordröger

chui feng ji

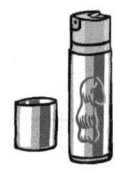

dat Hoorspray

pen fa ding xing ji

de Smink

hua zhuang pin

de Lippensticken

chun gao

de Nagellack

zhi jia you

de Watt

hua zhuang mian

de Nagelscheer

zhi jia jian

dat Rüükwater

xiang shui

de Kulturbüdel

xi shu bao

de Schemel

deng zi

de Waag

ji zhong cheng

de Baadmantel

yu pao

de Gummihanschen

xiang jiao shou tao

de Tampon

wei sheng mian tiao

de Damenbinn

wei sheng jin

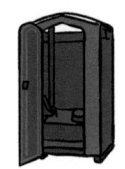

dat Chemieklo

hua xue ce suo

de Baadstuuv - yu shi

de Kinnerstuuv
er tong fang

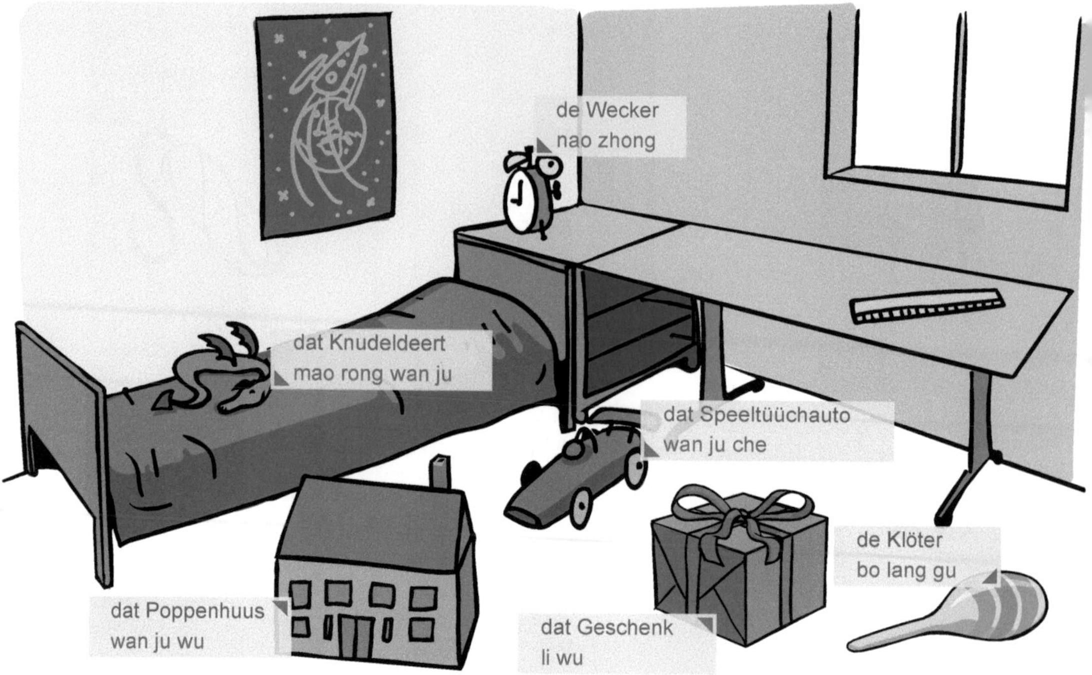
de Wecker
nao zhong
dat Knudeldeert
mao rong wan ju
dat Speeltüüchauto
wan ju che
de Klöter
bo lang gu
dat Poppenhuus
wan ju wu
dat Geschenk
li wu

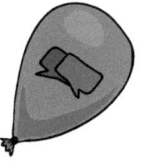

de Luftballon

qi qiu

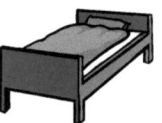

de Puuch

chuang

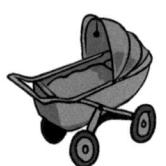

de Kinnerwagen

(yang wa wa yong)ying er che

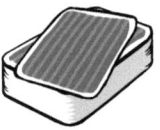

dat Koortenspeel

pu ke pai

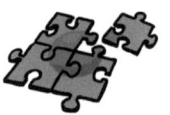

dat Puzzle

pin tu

de Billergeschicht

man hua

de Legostenen

le gao ji mu

de Bustenen

ji mu wan ju

de Action-Figur

wan ju ren

de Strampelantog

ying er fu

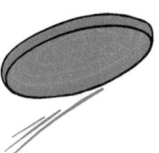

de Frisbeeschiev

fei pan

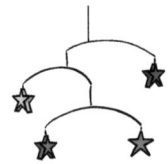

dat Mobile

chuang ling wan ju

dat Brettspeel

qi pan you xi

de Wörpel

shai zi

de Modelliesenbahn

huo che mo xing

de Snuller

an fu nai zui

de Party

ju hui

dat Billerbook

hui ben

de Ball

qiu

de Popp

yang wa wa

spelen

wan

de Sandkassen

sha keng

de Schuckel

qiu qian

dat Speeltüüch

wan ju

de Speelkonsool

you xi ji

dat Dreerad

san lun che

de Teddyboor

tai di xiong

dat Klederschapp

yi chu

dat Tüüch

yi fu

de Socken

wa zi

de Strümp

chang wa

de Strumpbüx

jin shen ku

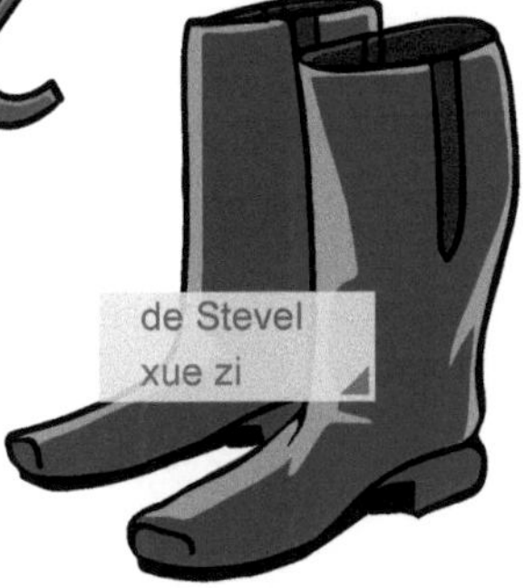

dat Halsdook
wei jin

de Liefreem
pi dai

de Paraplü
yu san

dat T-Shirt
T xu

de Turnschoh
yun dong xie

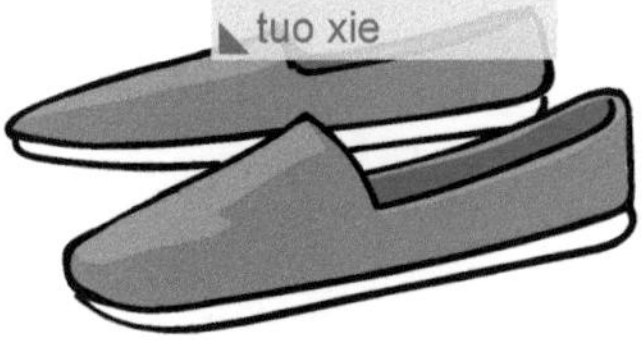

de Stevel
xue zi

de Puuschen
tuo xie

de Sandalen
....
liang xie

de Schoh
....
xie

de Gummistevel
....
yu xue

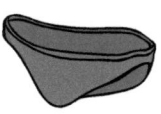

de Ünnerbüx
....
nei ku

de Bostholler
....
xiong zhao

dat Ünnerhemd
....
bei xin

de Lief

shen ti

de Büx

ku zi

de Jeansnüx

niu zai ku

de Rock

duan qun

de Bluus

nü shi chen shan

dat Hemd

chen shan

de Pullover

tao tou shan

de Kapuzenpullover

wei yi

de Blazer

xi zhuang jia ke

de Jack

jia ke

de Mantel

wai tao

de Övertrecker

yu yi

dat Kostüm

tao zhuang

dat Kleed

lian yi qun

dat Hochtietskleed

hun sha

de Antog

xi zhuang

dat Nachtkleed

shui pao

de Slaapantog

shui yi

de Sari

sha li

dat Koppdook

tou jin

de Turban

bao tou jin

de Burka

bo ka

de Kaftan

ka fu tan

de Abaya

(a la bo shi)chang pao

de Baadantog

yong yi

de Baadbüx

nan shi yong ku

de Korte Büx

duan ku

de Antog to'n Öven

yun dong fu

de Schört

wei qun

de Handschoh

shou tao

de Knopp

niu kou

de Brill

yan jing

dat Armband

shou lian

de Halskeed

xiang lian

de Ring

jie zhi

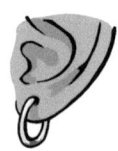

de Ohrbummel

er huan

de Mütz

bian mao

de Klederbögel

yi jia

de Hoot

mao zi

de Binner

ling dai

de Rietslüter

la lian

de Helm

tou kui

dat Drachtband

bei dai

de Schooluniform

xiao fu

de Uniform

zhi fu

de Severböten
wei dou

de Snuller
an fu nai zui

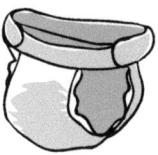

de Winnel
niao bu shi

dat Büro
ban gong shi

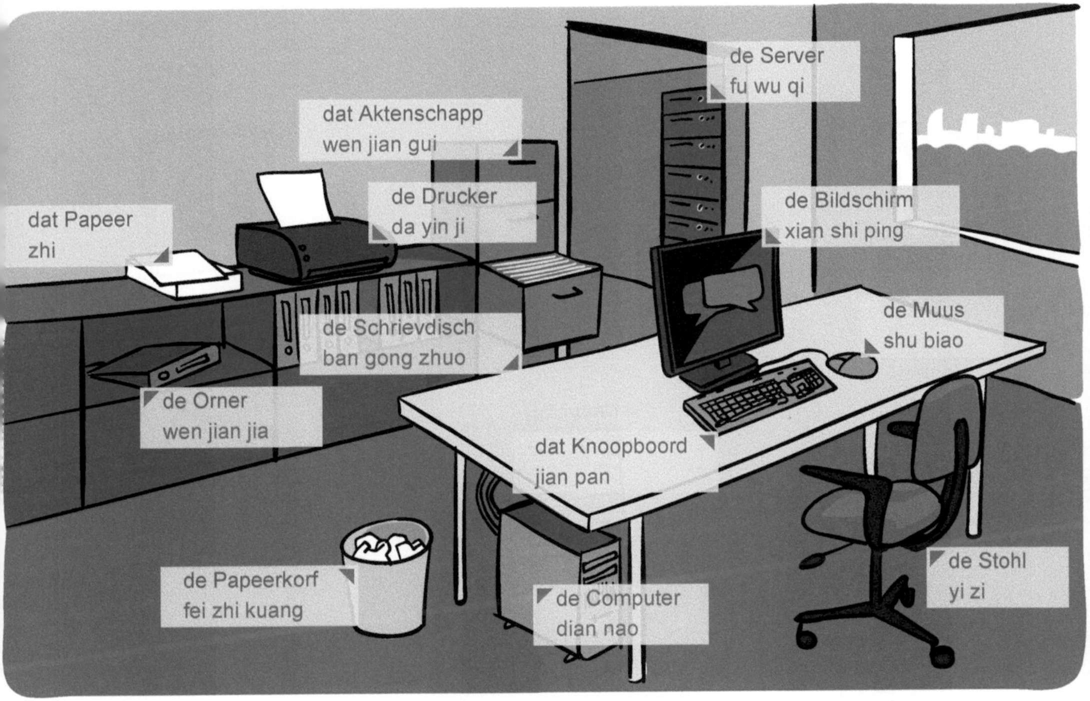

de Server
fu wu qi

dat Aktenschapp
wen jian gui

de Drucker
da yin ji

de Bildschirm
xian shi ping

dat Papeer
zhi

de Schrievdisch
ban gong zhuo

de Muus
shu biao

de Orner
wen jian jia

dat Knoopboord
jian pan

de Papeerkorf
fei zhi kuang

de Computer
dian nao

de Stohl
yi zi

de Koffiebeker
ka fei bei

de Taschenreekner
ji suan qi

dat Internet
yin te wang

de Klappreekner

bi ji ben dian nao

de Breef

xin jian

de Naricht

xiao xi

de Ackersnacker

shou ji

dat Nettwark

wang luo

de Kopeerapparat

fu yin ji

de Software

ruan jian

de Klöönkassen

dian hua

de Steekdoos

cha zuo

de Faxapparat

chuan zhen ji

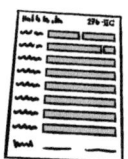

dat Formulor

biao ge

dat Dokument

wen jian

köpen

mai

betahlen

fu qian

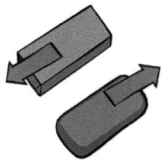

hanneln

jiao yi

dat Geld

xian jin

de Dollar

mei yuan

de Euro

ou yuan

de Yen

ri yuan

de Ruvel

lu bu

de Swiezer Franken

rui shi fa lang

de Renminbi Yuan

ren min bi

de Rupie

lu bi

de Geldautomat

ti kuan chu

de Wesselstuuv

wai bi dui huan chu

dat Gold

jin

dat Sülver

yin

dat Ööl

shi you

de Energie

neng yuan

de Pries

jia ge

de Verdrag

he tong

de Stüer

shui jin

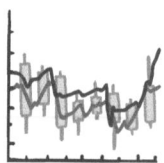

de Andeelschien

gu piao

arbeiden

gong zuo

de Anstellte

zhi yuan

de Arbeitgever

lao ban

de Fabrik

gong chang

de Hökerie

shang dian

de Profeschonen

zhi ye

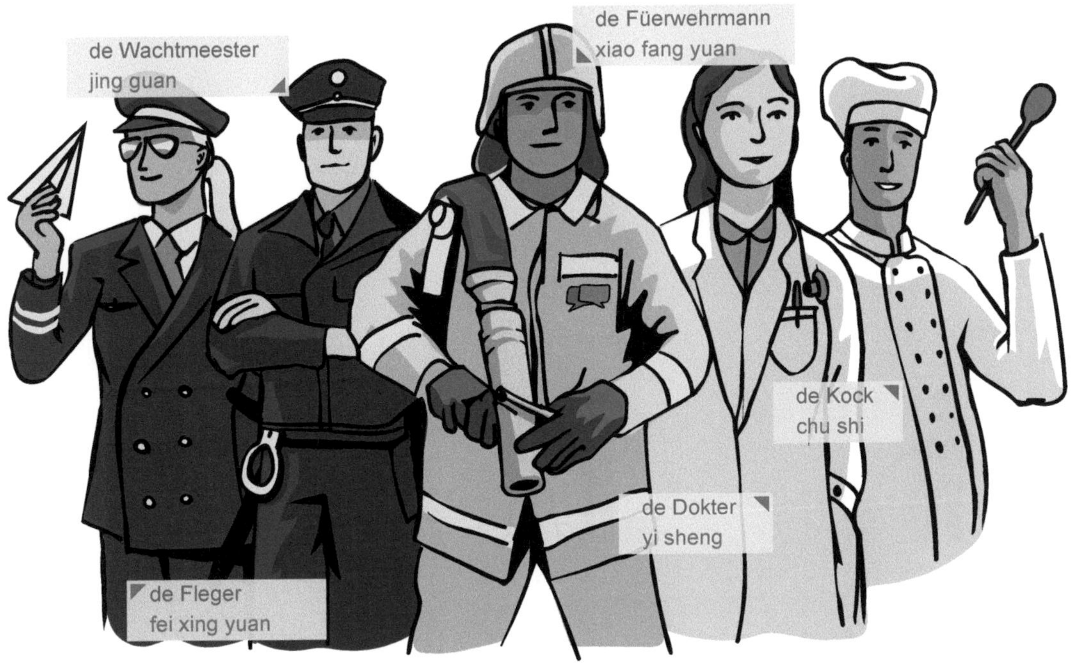

de Wachtmeester
jing guan
de Füerwehrmann
xiao fang yuan
de Kock
chu shi
de Dokter
yi sheng
de Fleger
fei xing yuan

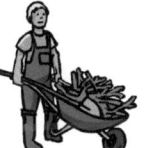

de Goorner

yuan ding

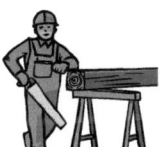

de Discher

mu jiang

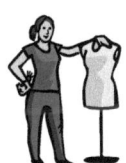

de Neihersche

cai feng

de Richter

fa guan

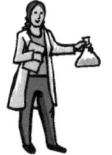

de Chemiker

hua xue jia

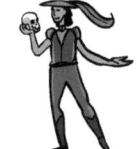

de Schauspeler

yan yuan

de Busfohrer

gong jiao che si ji

de Taxifohrer

chu zu che si ji

de Fischer

yu fu

de Reinmaakfru

qing jie nü gong

de Dackdecker

wu ding gong

de Kellner

fu wu yuan

de Jäger

lie ren

de Maler

hua jia

de Bäcker

mian bao shi

de Elektriker

dian gong

de Buarbeider

jian zhu gong ren

de Ingenieur

gong cheng shi

de Slachter

tu fu

de Klempner

shui guan gong

de Postbüdel

you di yuan

de Profeschonen - zhi ye

de Suldat

shi bing

de Architekt

jian zhu shi

de Kasserer

shou yin yuan

de Florist

hua nong

de Putzbüdel

li fa shi

de Schaffner

shou piao yuan

de Mechaniker

ji xie shi

de Kaptein

chuan zhang

de Tähndokter

ya yi

de Wetenschopler

ke xue jia

de Rabbi

la bi

de Imam

yi ma mu

de Mönk

he shang

de Paap

mu shi

dat Warktüüch
gong ju

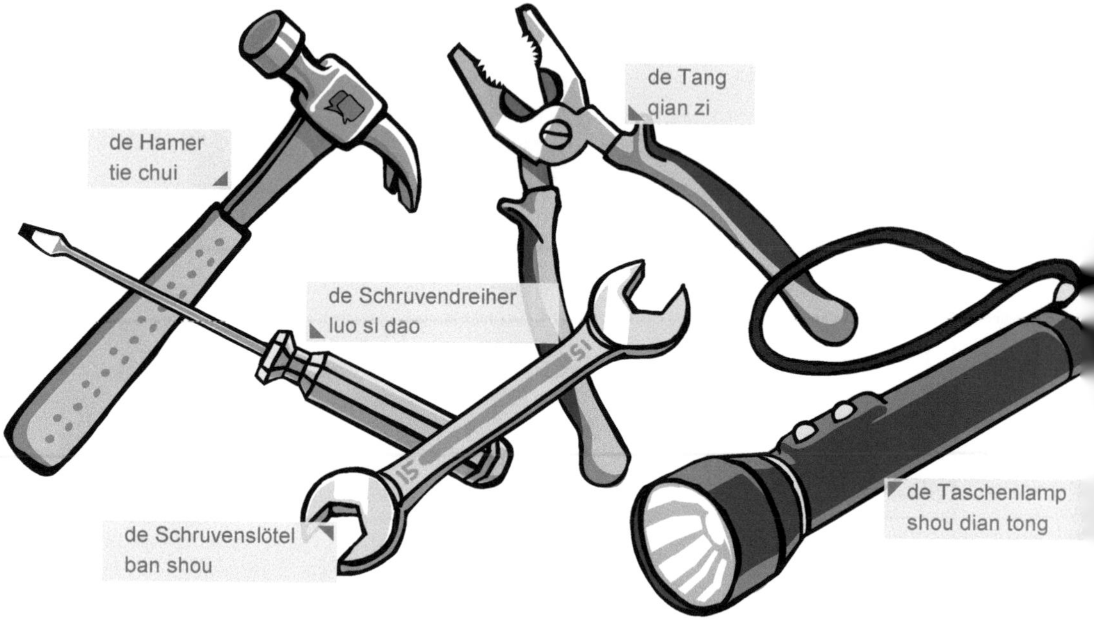
de Hamer
tie chui
de Tang
qian zi
de Schruvendreiher
luo si dao
de Schruvenslötel
ban shou
de Taschenlamp
shou dian tong

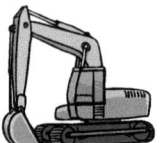

de Grieper

wa jue ji

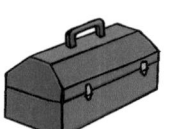

de Warktüüchkassen

gong ju xiang

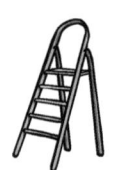

de Ledder

ti zi

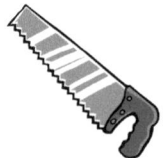

de Saag

ju zi

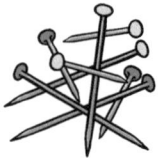

de Nagels

ding zi

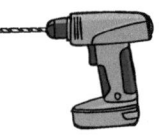

de Bohrer

zuan ji

heelmaken

xiu

de Schüffel

chan zi

Schiet!

kao!

dat Kehrblick

bo ji

de Farvpott

you qi tong

de Schruven

luo si

de Musikinstrumenten
yue qi

de Luutsnacker
yang sheng qi

dat Slagtüüch
da ji yue qi

de Rietfiedel
ji ta

de Bass-Vigelien
di yin ti qin

de Trumpeet
xiao hao

dat Klaveer

gang qin

de Vigelien

xiao ti qin

de Bass

bei si

de Pauk

ding yin gu

de Trummeln

gu

dat Keyboard

dian zi qin

dat Saxophon

sa ke si guan

de Fleut

chang di

dat Mikrofoon

mai ke feng

de Deertenpark
dong wu yuan

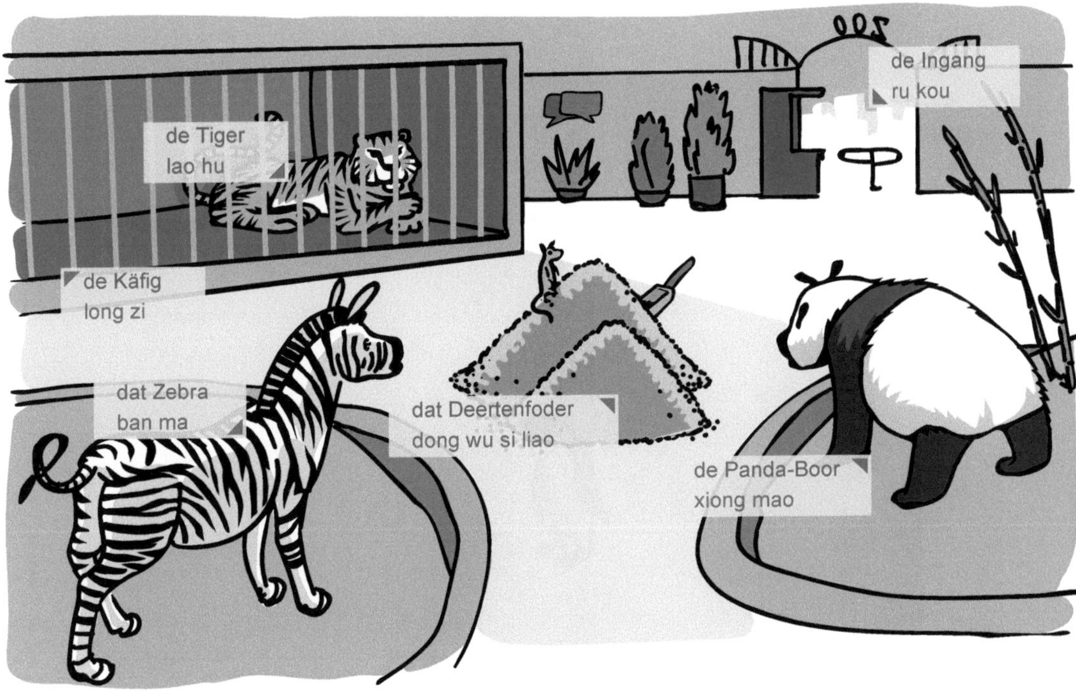
zoo
de Ingang
ru kou
de Tiger
lao hu
de Käfig
long zi
dat Zebra
ban ma
dat Deertenfoder
dong wu si liao
de Panda-Boor
xiong mao

de Deerten

dong wu

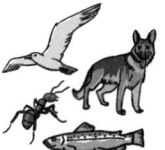

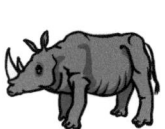

de Elefant

da xiang

dat Känguru

dai shu

dat Neeshoorn

xi niu

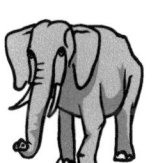

de Gorilla

da xing xing

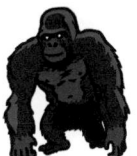

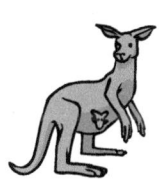

de Boor

xiong

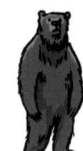

dat Kameel

luo tuo

de Struuß

tuo niao

de Lööv

shi zi

de Aap

hou zi

de Flamingo

huo lie niao

de Papagoi

ying wu

de Iesboor

bei ji xiong

de Pinguin

qi e

de Haifisch

sha yu

de Pageluun

kong que

de Slang

she

dat Krokodil

e yu

de Oppasser in'n
Deertenpark
dong wu yuan guan li yuan

de Saalhund

hai bao

de Jaguor

mei zhou bao

dat Pony

ai zhong ma

de Leopard

bao

dat Nilpeerd

he ma

de Giraff

chang jing lu

de Aadler

lao ying

dat Wildswien

ye zhu

de Fisch

yu

de Schildkrööt

gui

dat Walross

hai xiang

de Voss

hu li

de Gazell

ling yang

de Amerikaansch Football
gan lan qiu

dat Radfohren
qi zi xing che

dat Tennis
wang qiu

de Korfball
lan qiu

dat Swümmen
you yong

dat Boxen
quan ji

dat Ieshockey
bing qiu

de Football
....
ying shi zu qiu

dat Fedderball
....
yu mao qiu

de Leichtathletik
....
tian jing

de Handball
....
shou qiu

dat Skilopen
....
hua xue

dat Polo
....
ma qiu

lachen
xiao

springen
tiao

ümarmen
yong bao

gahn
zou lu

singen
chang

drömen
zuo meng

beden
qi dao

snuteln
qin wen

schrieven
shu xie

teken
hua

wiesen
zhan shi

drücken
tui

geven
gei

nehmen
na

hebben
you

doon
zuo

sien
dang

stahn
zhan

lopen
pao

trecken
la

smieten
reng

fallen
shuai dao

liggen
tang

töven
deng dai

dregen
xie dai

sitten
zuo

antrecken
chuan yi

slapen
shui jiao

opwaken
xing lai

ankieken

kan

wenen

ku

eien

fu mo

kämmen

shu tou

snacken

jiao tan

verstahn

ming bai

fragen

wen

hören

ting

drinken

he

eten

chi

oprümen

qing li

leefhebben

ai

kaken

zuo fan

fohren

kai che

flegen

fei

segeln

hang xing

reken

ji suan

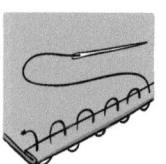

lesen

du

lehren

xue xi

arbeiden

gong zuo

de Plünnen tohoopsmieten

jie hun

neihen

feng

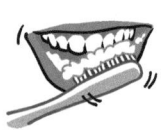

Tähnen putzen

shua ya

dootmaken

sha

smöken

chou yan

schicken

ji

de Familje
jia

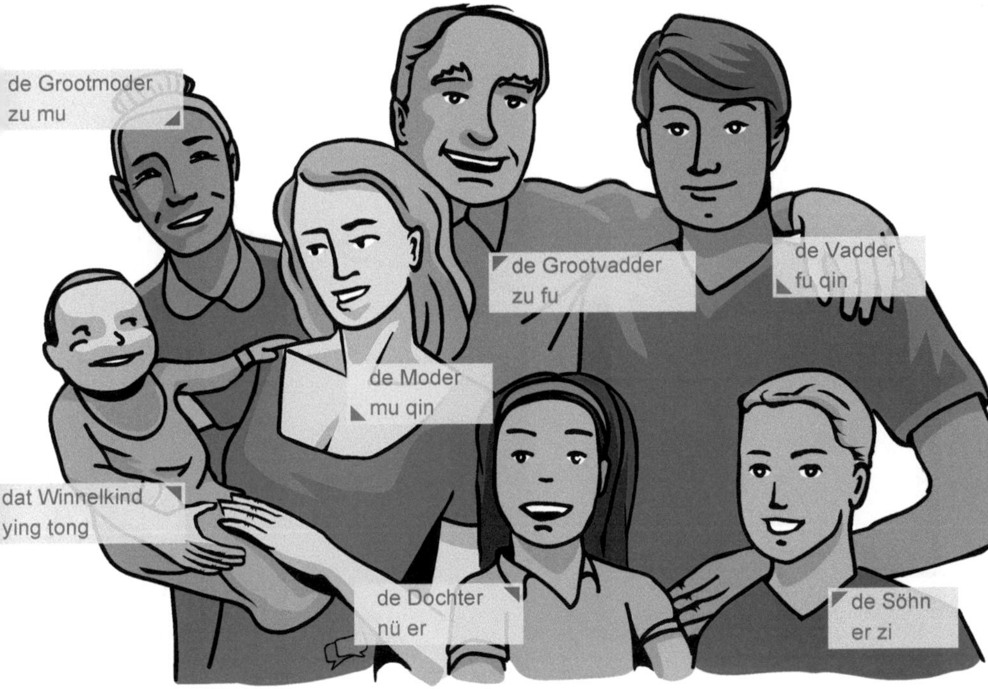
de Grootmoder
zu mu
de Grootvadder
zu fu
de Vadder
fu qin
de Moder
mu qin
dat Winnelkind
ying tong
de Dochter
nü er
de Söhn
er zi

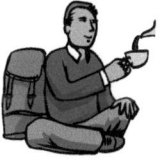

de Gast

ke ren

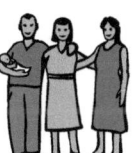

de Tant

a yi

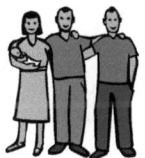

de Unkel

shu shu

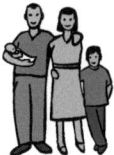

de Broder

xiong di

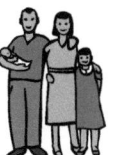

de Süster

jie mei

de Lief
shen ti

de Vörkopp
qian e
dat Oog
yan jing
de Schuller
jian bang
de Finger
shou zhi
dat Gesicht
lian
dat Kinn
xia ba
de Hand
shou
dat Been
tui
de Bost
ru fang
de Arm
shou bi

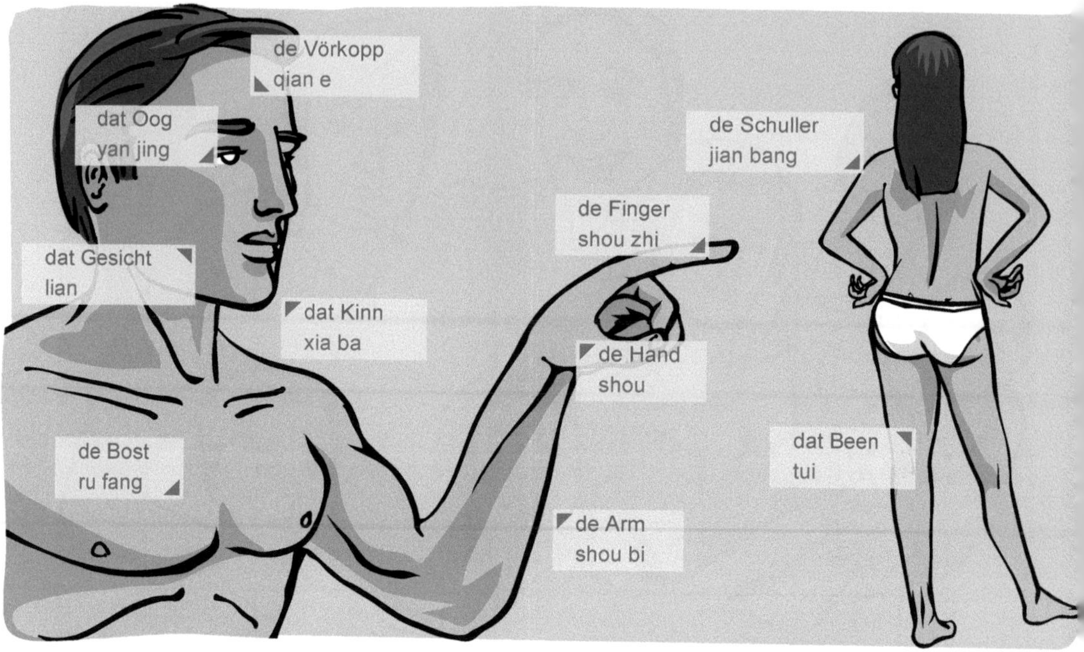

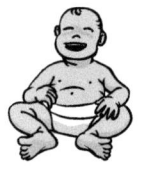

dat Winnelkind

ying tong

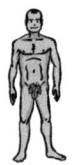

de Mann

nan ren

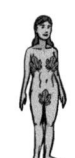

de Fro

nü ren

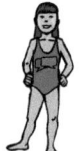

de Deern

nü hai

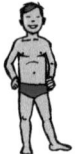

de Jung

nan hai

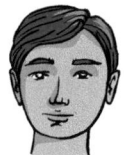

de Arm

tou

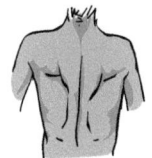

de Rüch

bei bu

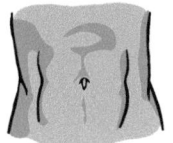

de Buuk

du zi

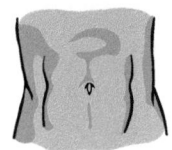

de Navel

du qi

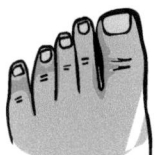

de Teh

jiao zhi

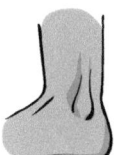

de Hack

jiao hou gen

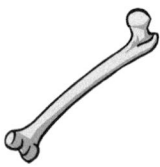

de Knaken

gu tou

de Hüft

tun bu

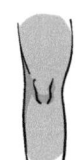

dat Knee

xi gai

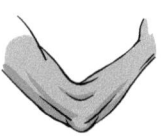

de Ellbagen

shou zhou

de Nees

bi zi

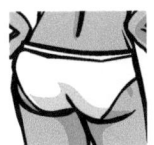

de Achtersen

pi gu

de Huut

pi fu

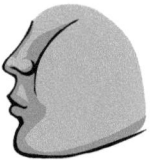

de Back

lian jia

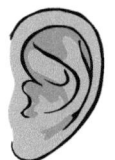

dat Ohr

er duo

de Lipp

zui chun

de Mund

zui

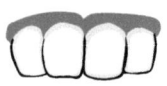

de Tähn

ya chi

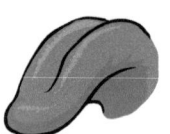

de Tung

she tou

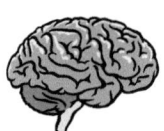

de Bregen

nao

dat Hart

xin zang

de Muskel

ji rou

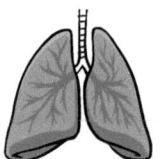

de Lung

fei

de Lever

gan zang

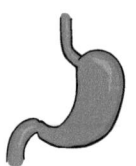

de Maag

wei

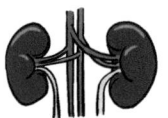

de Neren

shen zang

de Bislaap

xing jiao

dat Kondoom

bi yun tao

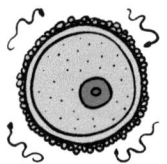

de Eizell

luan zi

dat Sperma

jing zi

de Anner Ümstänn

huai yun

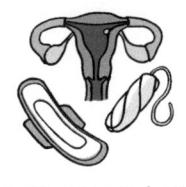

de Menstruatschoon

yue jing

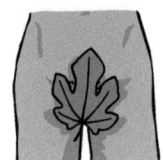

de Scheed

yin dao

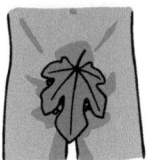

de Pint

yin jing

de Ogenbroe

mei mao

dat Hoor

tou fa

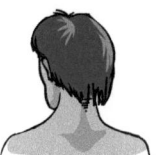

de Hals

bo zi

de Lief - shen ti

dat Krankenhuus
yi yuan

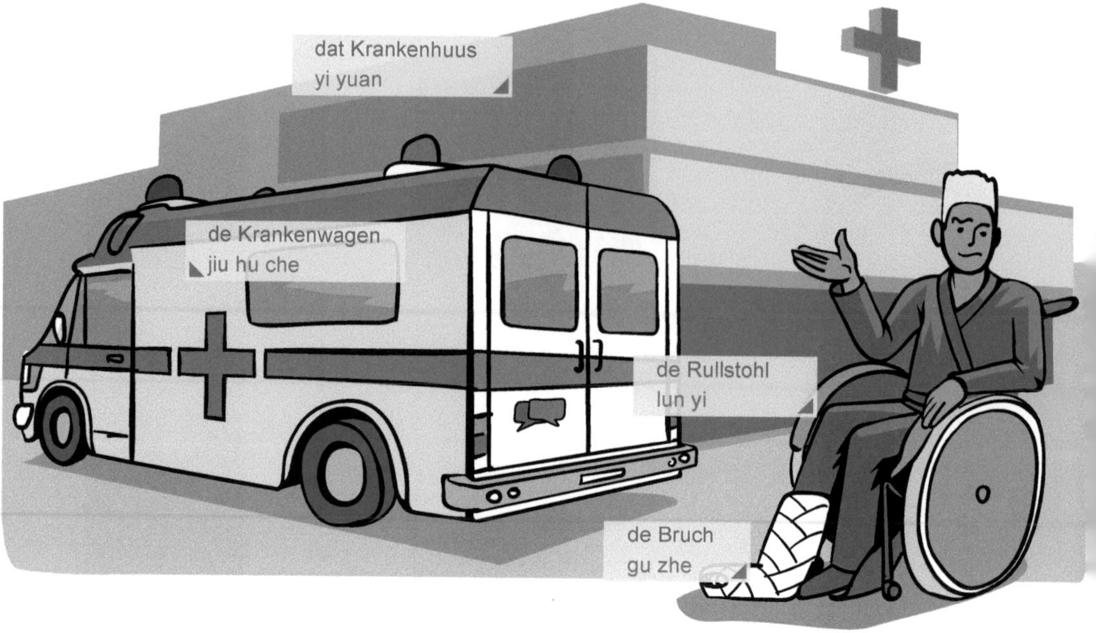

dat Krankenhuus
yi yuan
de Krankenwagen
jiu hu che
de Rullstohl
lun yi
de Bruch
gu zhe

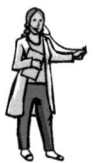

de Dokter

yi sheng

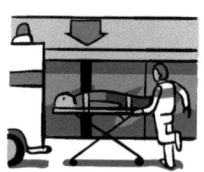

de Nootopnahm

ji zhen shi

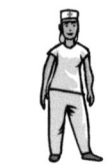

de Krankensüster

hu shi

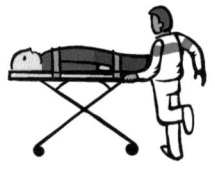

de Nootfall

jin ji qing kuang

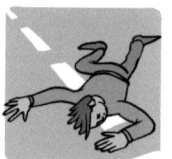

ahnmächtig

hun mi

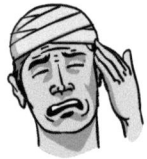

de Wehdaag

tong

de Verwunnen

shou shang

de Blöden

chu xue

de Hartinfarkt

xin zang bing fa zuo

de Slaganfall

zhong feng

de Allergie

guo min

de Hoosten

ke sou

dat Fever

fa shao

de Gripp

liu gan

de Dörchfall

fu xie

de Koppwehdaag

tou tong

de Kreeft

ai zheng

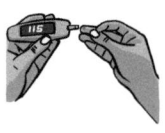

de Zuckersüük

tang niao bing

de Chirurg

wai ke yi sheng

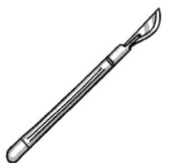

dat Chirurgsch Mess

shou shu dao

de Operatschoon

shou shu

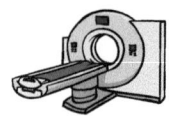

dat CT

CT

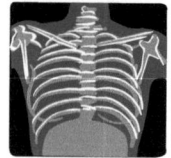

de Dörchlüchten

X guang

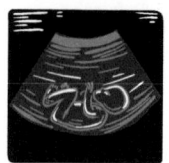

de Ultraschall

chao sheng bo

de Mask

kou zhao

de Krankheit

ji bing

de Töövruum

hou zhen shi

de Krück

guai zhang

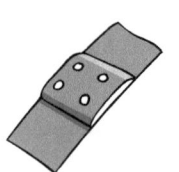

dat Plaaster

shi gao

de Verband

beng dai

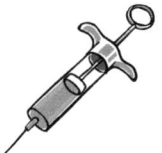

de Insprütten

zhu she

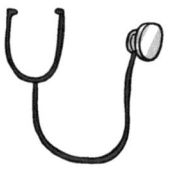

dat Stethoskop

ting zhen qi

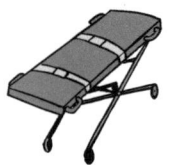

de Draag

dan jia

dat Feverthermometer

ti wen ji

de Geboort

chu sheng

dat Övergewicht

chao zhong

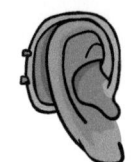

de Höörapparat

zhu ting qi

dat Kiemfriemiddel

xiao du ye

de Ansteken

gan ran

de Virus

bing du

dat HIV / AIDS

ai zi bing

dat Heelmiddel

yao wu

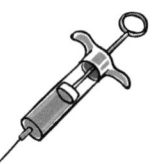

de Impen

jie zhong yi miao

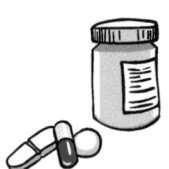

de Tabletten

yao pian

de Pill

yao wan

de Nootroop

ji jiu dian hua

de Blootdruck-Meter

xue ya ji

krank / gesund

sheng bing/jian kang

Hölp!

jiu ming!

de Alarm

jing bao

de Överfall

tu ji

de Angreep

gong ji

de Gefohr

wei xian

de Nootutgang

jin ji chu kou

dat Füer!

zhao huo la!

de Füerlöscher

mie huo qi

de Unfall

yi wai

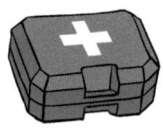

de Noothölpkoffer

ji jiu xiang

SOS

hu jiu xin hao

de Polizei

jing cha

Europa

ou zhou

Noordamerika

bei mei zhou

Süüdamerika

nan mei zhou

Afrika

fei zhou

Asien

ya zhou

Australien

ao zhou

de Atlantik

da xi yang

de Pazifik

tai ping yang

dat Indisch Weltmeer

yin du yang

dat Antarktisch Weltmeer

nan bing yang

dat Arktisch Weltmeer

bei bing yang

de Noordpol

bei ji

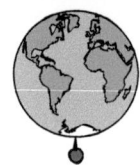

de Süüdpol

nan ji

de Antarktis

nan ji zhou

de Eerd

di qiu

dat Land

lu di

de See

hai

dat Eiland

dao

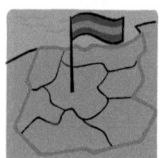

de Natschoon

guo jia

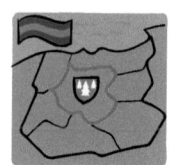

de Staat

guo jia

dat Tallenblatt

zhong mian

de Stunnenwieser

shi zhen

de Minutenwieser

fen zhen

de Sekunnenwieser

miao zhen

Wo laat is dat?

xian zai ji dian?

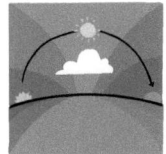

de Dag

tian

de Tiet

shi jian

nu

xian zai

de digetaalsch Klock

dian zi biao

de Minuut

fen

de Stunn

shi

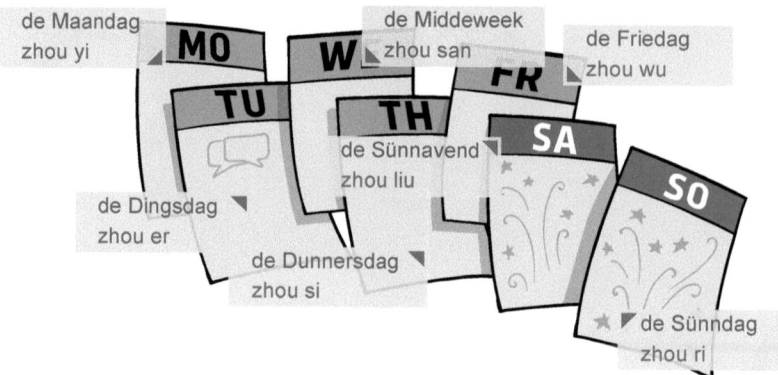

de Maandag
zhou yi

de Middeweek
zhou san

de Friedag
zhou wu

de Dingsdag
zhou er

de Sünnavend
zhou liu

de Dunnersdag
zhou si

de Sünndag
zhou ri

güstern

zuo tian

hüüt

jin tian

morgen

ming tian

de Morgen

zao chen

de Meddag

zhong wu

de Avend

wan shang

de Arbeitsdaag

gong zuo ri

dat Wekenenn

zhou mo

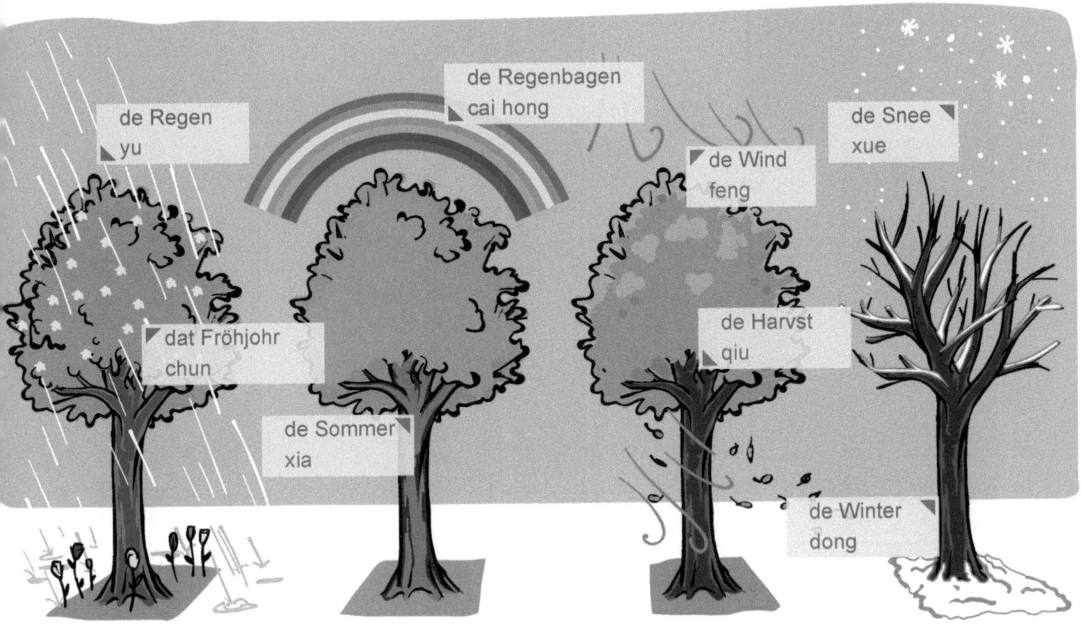

de Regen
yu
de Regenbagen
cai hong
de Snee
xue
de Wind
feng
dat Fröhjohr
chun
de Harvst
qiu
de Sommer
xia
de Winter
dong

4.APRIL 11°
5.APRIL 4°
6.APRIL 13°
7.APRIL 8°
8.APRIL 10°

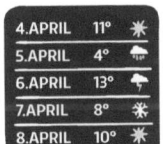

de Wedervörhersaag

tian qi yu bao

F
C
120
90
60
30
0
-30
40
30
20
10
0
-10
-20

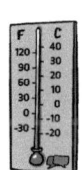

dat Thermometer

wen du ji

de Sünnenschien

yang guang

de Wulk

yun

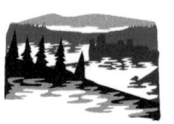

de Nevel

wu

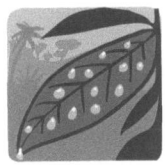

de Luftfuchtigkeit

chao shi

de Blitz

shan dian

de Dunner

da lei

de Storm

feng bao

de Hagel

bing bao

de Monsun

ji feng

de Floot

hong shui

dat Ies

bing

de Januormaand

yi yue

de Februormaand

er yue

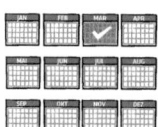

de Martmaand

san yue

de Aprilmaand

si yue

de Maimaand

wu yue

de Junimaand

liu yue

de Julimaand

qi yue

de Augustmaand

ba yue

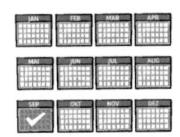

de Septembermaand

jiu yue

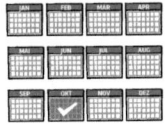

de Oktobermaand

shi yue

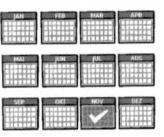

de Novembermaand

shi yi yue

de Dezembermaand

shi er yue

de Formen
xing zhuang

de Krink

yuan xing

dat Quadrat

zheng fang xing

dat Rechteck

chang fang xing

dat Dreeeck

san jiao xing

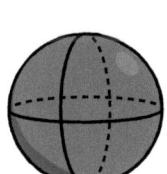

de Kugel

qiu ti

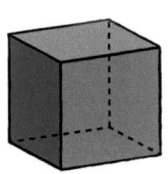

de Wörpel

li fang ti

de Farven

witt

bai

geel

huang

orangsch

cheng

pink

fen

root

hong

lila

zi

blau

lan

gröön

lü

bruun

zong

gries

hui

swart

hei

veel / wenig

hen duo/shao xu

böös / verdreeglich

sheng qi/ping jing

smuck / mies

mei/chou

de Begünn / dat Enn

shou/wei

groot / lütt

da/xiao

hell / düüster

ming/an

de Broder / de Süster

xiong di/jie mei

schier / schietig

gan jing/ang zang

kumpleet / nich kumpleet

wan zheng/que shi

de Dag / de Nacht

bai tian/wan shang

doot / lebennig

si/sheng

breet / small

kuan/zhai

geneetbor / nich geneetbor

ke shi yong/fei shi yong

böös / fründlich

xie e/shan liang

fickerig / langwielt

xing fen/wu liao

dick / dünn

pang/shou

toeerst / toletzt

di yi/zui hou

de Fründ / de Fiend

peng you/di ren

vull / leddig

man/kong

hart / week

ying/ruan

swoor / licht

zhong/qing

de Smacht / de Döst

e/ke

krank / gesund

sheng bing/jian kang

nich na't Recht / na't Recht

fei fa/he fa

klook / dummerhaftig

cong ming/yu ben

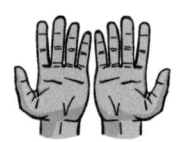

linkerhand / rechterhand

zuo/you

neeg / feern

jin/yuan

nieg / bruukt

xin/jiu

nix / wat

mei you/you xie

oolt / jung

lao/you

an / ut

kai/guan

apen / slaten

da kai/he shang

lies / luut

an jing/chao nao

riek / arm

fu/qiong

richtig / verkehrt

dui/cuo

ruug / glatt

cu cao/guang hua

trurig / glücklich

shang xin/gao xing

kort / lang

duan/chang

suutje / flink

man/kuai

natt / dröög

shi/gan

warm / köhl

wen nuan/liang shuang

de Krieg / de Freden

zhan zheng/he ping

0

null
ling

1

een
yi

2

twee
er

3

dree
san

4

veer
si

5

fief
wu

6

söss
liu

7

söven
qi

8

acht
ba

9

negen
jiu

10

teihn
shi

11

ölven
shi yi

12

twölf

shi er

13

dörteihn

shi san

14

veerteihn

shi si

15

föffteihn

shi wu

16

sössteihn

shi liu

17

söventeihn

shi qi

18

achtteihn

shi ba

19

negenteihn

shi jiu

20

twintig

er shi

100

hunnert

bai

1.000

dusend

qian

1.000.000

million

bai wan

dat Engelsch

ying yu

dat Amerikaansch Engelsch

mei shi ying yu

dat Chineesch Mandarin

pu tong hua

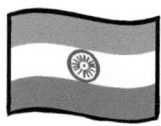

dat Hindi

yin di yu

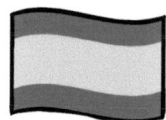

dat Spaansch

xi ban ya yu

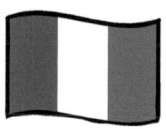

dat Franzöösch

fa yu

dat Araabsch

a la bo yu

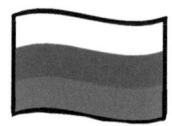

dat Rusch

e yu

dat Portugiesch

pu tao ya yu

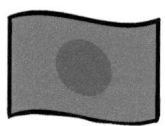

dat Bengaalsch

feng jia la yu

dat Düütsch

de yu

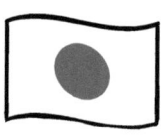

dat Japaansch

ri yu

ik
....
wo

du
....
ni

he / se / dat
....
ta/ta/ta

wi
....
wo men

ji
....
ni men

se
....
ta men

keen?
....
shei?

wat?
....
shen me?

woans?
....
zen yang?

woneem?
....
na li?

wannehr?
....
shen me shi hou?

de Naam
....
ming zi

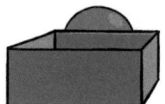

achter

hou mian

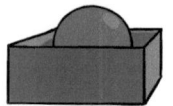

in

li mian

vör

qian mian

över

shang fang

op

shang mian

ünner

xia mian

blangen

pang bian

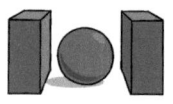

twüschen

zhong jian

de Oort

di dian